GÜLTEN DAYIOĞLU
ECE ile YÜCE

Ah Şu Televizyon
Ressam: **Mustafa Delioğlu**

5.Basım Nisan 2008
Baskı: AKDENİZ YAYINCILIK A.Ş.
Göztepe Mah. Kazım Karabekir Cad. Nu.: 32 Bağcılar / İSTANBUL

Sevgili çocuklar! Ece Kız'a UY-KUCU, diyorum. Neden mi? Uykuyu öyle çok seviyor ki!.. Geçen gün ne oldu biliyor musunuz? Anlatmazsan nereden bilelim, diyeceksiniz. Anlatacağım. Ama, önce Ece'den izin almam gerek. Haydi, hep birlikte Ece'lerin evine gidelim.

"Aaa! Yazar teyze! Hoş geldin. Sen bize gelince öyle seviniyorum ki! İstersen odama gidelim. Bebeklerimin giysilerini yıkadım. Elbiselerini

temiz tutmayı öğrenemediler. Oynarken yerlerde sürünüyorlar. Üstlerine yemek döküyor, resim boyası bulaştırıyorlar."

Sevgili çocuklar, yazık ki Ece de öyle yapıyor. Bu yüzden annesi ondan yakınıyor. O da bebeklerinden. Odaya vardığımızda Ece telaşlandı. Çıplak bebekler divanın üstüne dizilmişti. Hemen havluyla üstlerini örttü.

"Ay, ne ayıp! Başkalarına böyle görünülmez." diyerek bebekleri payladı.

"Ben yabancı değilim. Onların da Yazar teyzesiyim." dedim. O sırada saksıyı gördüm. Onu odasına almamasını öğütlemiştim. Bitkiler, geceleri odanın havasını kirletir, demiştim. Oysa saksı yine odanın başköşesinde duruyor.

Ece, ona verdiğim saksı çiçeğini bebekleri kadar seviyor. Dediğine

göre bazen, toprağına bir fincan süt akıtıyormuş. "Süt, çocukları büyütüyor. Belki çiçeğime de iyi gelir." diyor. Ece'nin minik fidesi hızla büyüyor. Ama, sütten mi, ilgiden mi, sevgiden mi bilemiyorum.

"Minik fide, sahibini çok sevmiş." dedim. Ece pek sevindi.

"Bugün okulda neler yaptınız?"

Ece, hemen çantasını açtı. Birbirinden güzel patates baskıları çıkardı. "İşte bunları yaptık."

"Ay, ne güzel bu patates baskıları! Bir tanesini bana armağan eder misin?"

Ece bu isteğimi sevinçle karşıladı. "Hangisini istersen al." diyerek hepsini masanın üstüne serdi. İçlerinden birini seçtim. Onu çalışma odama asacağımı söylemedim. Duvarda görünce kim bilir nasıl sevinecek? Ece zaten her şeye sevinmeye hazır.

"Bu gece dayım yemeğe geliyor. Hafta sonu da anneannemle dedem gelecek. Anneannemle tanışın olmaz mı?"

"Neden olmasın. O gün bir ara size gelirim. Anneannenle tanışırız."

"Anneanneme seninle nasıl arkadaş olduğumuzu anlat. Bazen ben anlatıyorum. Çok hoşuna gidiyor."

"Tamam, anneannene her şeyi bir bir anlatacağım. Diyeceğim ki, ben küçük komşum Ece Kız'ı çok seviyorum. Onunla konuşmak çok hoşuma gidiyor. O bana ev ve okul serüvenlerini anlatıyor. Ben de ona masallar, öyküler anlatıyorum. Ece, benim başımdan geçen gülünç olayları dinlemeyi de çok seviyor."

Ben bunları söylerken, ellerini çırparak zıp zıp zıplıyor. "Tamam, işte bunları söyle anneanneme. O

beni evde yapayalnız yaşayan, zavallı bir çocuk sanıyor. Oysa ben durumumdan çok hoşnutum."

"Ece kızım, şu senin yeni serüveni okuyucu arkadaşlarına anlatalım mı?"

Ece, bir an durakladı. Sonra gülerek omuz silkti. "Bilmem! Ya beni ayıplarlarsa?"

"Yok canım, niçin ayıplasınlar?

Aralarında senin gibi uykucu olanlar vardır. Bu yüzden onların başına da kim bilir neler geldi..."

"İyi öyleyse, haydi anlatalım."

"En iyisi sen anlat."

"Her şeyi mi?"

"Evet, okuyucular senin arkadaşın. Hiçbir şeyi saklama, her şeyi olduğu gibi anlat."

"Geceleri, gizlice televizyon izlediğimi de diyeyim mi?"

"Bence en başta onu anlat. Başına gelenler geç yatmaktan."

"Sevgili, arkadaşlarım! Ben bazı geceler, çok geç uyuyorum. Aslında, annemlerle erkenden ben de yatıyorum. Bir süre onların uyumasını bekliyorum. Sonra yavaşça odamdan çıkıyorum. Oturma odasına

geçiyorum. Kapıları sımsıkı örtüyorum. Kapanış saatine kadar televizyona bakıyorum.

"Geçen gece yine böyle yaptım. Sabahleyin öylesine zor kalktım ki! Giyinirken gözlerim kapanıyordu. Kahvaltıda, yağlı reçelli ekmeği, ağzım diye burnuma götürmüşüm. Yüzüm, yağa reçele bulandı. Annem çok kızdı.

"Ana babamın iş yerleri çok uzak.

Evden çok erken çıkıyoruz. Beni okula annem götürüyor. Oraya vardığımda, okul bomboş oluyor. Sınıfta tek başıma, arkadaşlarımın gelmesini bekliyorum. Canım sıkılıyor. Bazen sıramda başımı koyup uyuyorum.

"O sabah yine erkenden okula vardım. Yataklarımızın bulunduğu oda hep kilitlidir. O gün nasılsa açıktı. Yavaşça oraya girdim. Yatağıma yattım. Gözlerimi açtığımda, ne görsem beğenirsiniz? Arkadaşlarım çevreme doluşmuşlar. 'Uykucu! Uykucu!' diyerek benimle eğleniyorlar. Öyle şaşırdım ki! Meğer, öğleye kadar orada uyumuşum.

"Öğretmenim, yemek yememe izin verdi. Sonra arkadaşlarla birlikte öğle uykusuna yatırdı. Uykum yok, dedimse de dinlemedi. O gün hep yatakta kaldım. Öyle sıkıldım ki!.. Eve dönerken öğretmenim geceleri erken yatmamı öğütledi.

"Annem, olanları duysa çok üzülür. O günden beri artık geceleri gizlice televizyon izlemiyorum. Çocuk programları bitince yatıyorum. Annem, yeni resimli kitaplar aldı. Yatakta bir süre onlara bakıyorum.

Sonra uykum geliyor. Okumayı bir öğrensem! Resimlerin altındaki yazıları bir okuyabilsem! Kitaplarda öyle güzel masallar, öyküler var ki! Okulda öğretmenim okuyor.

"Bizlere de resimlerini gösteriyor. Bazen de annem okuyor bu kitapları. O zaman öykülerin masallarının hiç bitmemesini istiyorum. Yal-

nızken, kitapların resimlerine bakıyorum. Bazen o resimlere göre öyküler uyduruyorum."

"Gel öyleyse." dedim Ece kızıma. "Ben sana bir kitap okuyayım."

Ece sevinçle ellerini çırptı. "Şu yeni kitaplardan birini oku. Bunları daha bana kimse okumadı." Sonra gözlerini kırpıştırarak şu soruyu sordu:

"Yazar teyze, iki tane kitap okur musun?"

"Olur." dedim. "Okurum."

Kitabı açtım. Bir süre ilk sayfadaki resme baktık. Sonra okumaya başladım.

"Ayşe çok yaramaz bir kızdı. Her gün, okul yolunda sokak kedileriyle oynardı."

Ece'ye döndüm. "Sokak kedileriyle sen de oynuyor musun?"

Çokbilmiş Ece hemen kendini savundu. "Nasıl oynayabilirim, Yazar teyze? Sabahları annem izin vermez. Okul dönüşünde ise onları ancak arabadan görebiliyorum. Yavru kediler öyle güzel oluyor ki!.."

Demek fırsat bulsa sokak kedileriyle bizim Ece de oynayacak. Önce, yaramaz Ayşe'nin öyküsünü dinlesin hele. Onun, sokak kedileri yüzünden hastalandığını öğrensin. Bakalım, o zaman ne düşünecek?